방귀만 잘 뀌어도 행복하다

방귀만 잘 뀌어도 행복하다

손문호·손범규 지음

Thumbnail

추천의 글

"작은 숨소리로 시작된 위대한 여정"

『방귀만 잘 뀌어도 행복하다』 - 이 독특하고도 유쾌한 제목을 처음 접했을 때, 저는 미소와 함께 마음 깊은 궁금증이 일었습니다. 하지만 책장을 넘기며 깨달았습니다. 이 방귀는 단순한 생리현상이 아니라, 삶의 회복을 알리는 위대한 신호이자 가족의 치열한 사랑과 연대가 만들어낸 기적의 출발점이었습니다.

이 책은 발달장애와 대장질환이라는 이중의 도전을 마주한 한 청년과 그의 가족이 함께 써 내려간 **회복과 성장의 감동 실화**입니다. 환자의 몸을 누구보다 잘 이해하게 된 아들이, 결국 환자를 가장 잘 이해하는 간호사로 성장하는 과정은 모든 의료인들에게 깊은 통찰을 안겨줍니다.

그리고 그 곁을 지킨 가족의 헌신, 특히 아버지의 손끝에서 시작된 돌봄은 그 어떤 고가의 치료보다 더 강력한 회복의 힘을 발휘합니다. 중환자실에서 방귀 하나에 감동하고, 일상적인 소화의 징후조차 감사했던 순간들은 의료의 본질이 어디에 있는지를 다시 묻게 만듭니다.

『방귀만 잘 뀌어도 행복하다』는 제목처럼, 이 책은 <u>일상의 소중함과 회복의 기쁨</u>을 다시금 일깨워주는 따뜻한 메시지로 가득합니다. 의료인뿐 아니라 가족의 의미, 삶의 본질을 고민하는 모든 이들에게 이 책을 자신 있게 추천합니다.

중부골다공증학회 회장 · 의학박사 · 방송인
오한진

추천의 글

> "작은 변화에도 귀 기울이는 마음.
> 방귀는 회복의 언어이고,
> 간호는 그 언어를 이해하는 마음입니다."

『방귀만 잘 뀌어도 행복하다』는 단순한 생리현상 너머의 깊고 진솔한 이야기를 전해주는 책입니다. 이 책은 어느 한 청년의 투병기이자, 가족의 치열한 간호의 기록이며, 마침내 간호사로 성장한 한 인간의 내면 여정을 담은 특별한 서사입니다. 저자는 아픔을 숨기지 않았고, 고통을 외면하지 않았으며, 그것을 자기 자신에 대한 이해와 돌봄의 기회로 여겼습니다.

간호사의 꿈을 자신 있게 말했던 듬직한 1학년 신입생은 자신의 몸을 가장 잘 아는 '환자'로서의 경험을 바탕으로, 어느새 자신뿐 아니라 환자를 세심하게 살피는 '간호사'로 성장했습니다. 중환자실에서 환자의 방귀 하나에도 감사하는, 공감과 실천력을 갖춘 그의 모습은 간호의 본질을 다시금 되새기게 합니다. 간호는 술기를 넘은 공감이며, 사람 냄새나는 과학이라는 진리를 이 책은 섬세하게 보여줍니다.

우리는 자주 '회복'이라는 단어를 말하지만, 그 진정한 의미를 아는 사람은 많지 않습니다. 손범규 간호사는 그 의미를 삶으로 증명해낸 사람입니다. 간호대학의 교수이자, 한 사람의 간호인으로서 저는 이 책이 간호학을 공부하는 이들에게는 자신과 다른 사람을 이해하려고 노력하는 본보기가 되고, 세상을 살아가는 많은 이들에게는 작은 회복의 희망이 되리라 믿습니다.

이 책을 집어 드는 순간, 독자는 하나의 소리 - 작지만 위대한 회복의 소리 - 를 듣게 될 것입니다. 그 소리가 당신의 마음에도 따뜻한 울림이 되기를 바랍니다.

서울대학교 간호대학 교수
최희승

추천의 글

"생리현상이 기적이 되는 순간, 우리는 진짜 회복의 의미를 마주하게 됩니다."

『방귀만 잘 뀌어도 행복하다』는 제목만으로도 독자의 시선을 멈추게 하지만, 책장을 넘기면 곧 알게 됩니다. 이것이 단순히 '특이한 제목의 책'이 아니라, 한 사람의 회복 서사이자 가족 전체가 함께 써 내려간 치열한 인간학이라는 사실을.

이 책은 방귀라는 가장 기본적인 생리현상을 통해 '건강'이란 개념을 새롭게 해석합니다. 고통의 시간 속에서도 회복을 희망으로 바꾸는 한 가족의 연대, 그리고 그 중심에 선 청년의 시선은 독자에게 묵직한 울림을 줍니다. 특히 의료인으로서 이 책을 읽었을 때, 방귀라는 소리가 단순한 가스의 배출이 아니라 '생명의 언어'가 되어가는 과정을 보며 숙연한 감동을 느꼈습니다.

과학과 의학은 늘 수치와 기전으로 건강을 설명하려 하지만, 이 책은 정서와 관계, 그리고 기다림이야말로 회복을 이끄는 진정한 요소임을 일깨워 줍니다. 저는 코로나 팬데믹 시기, 저희 연구실에서 함께 연구한 손범규 간호사를 기억합니다. 조용하지만 진지했던 그 학생의 태도가 이 책에도 고스란히 녹아 있어, 더욱 깊은 공감을 느꼈습니다.

『방귀만 잘 뀌어도 행복하다』는 환자와 보호자, 의료인 모두에게 회복의 본질을 되묻는 소중한 기록입니다. 저는 이 책이 더 많은 사람들에게 닿아, 삶의 방향을 잃은 이들에게 '작은 회복이 주는 큰 희망'을 전해주길 진심으로 바랍니다.

충남대학교 의과대학 미생물학교실 교수
송창화

추천의 글

"회복의 과정을 누구보다 잘 아는 간호사, 손범규를 기억합니다."

처음 손범규 간호사를 만난 날이 떠오릅니다. 서울대학교 간호대학을 졸업하고, 첫 실무 현장으로 우리 더세인트요양병원 중환자실에 들어온 그 청년은 조용했지만, 누구보다 단단한 눈빛을 가지고 있었습니다. 경력이 짧다고 해서 환자와의 거리까지 멀 필요는 없다는 듯, 그는 누구보다 가까이에서 환자의 호흡과 마음을 살피는 간호사였습니다.

중증 환자들이 계신 요양병원의 중환자실은 단순한 '간호 기술'로만은 버텨낼 수 없는 공간입니다. 하루하루 환자와 함께하며, 보이지 않는 고통을 알아차릴 수 있는 섬세한 감각과 공감력이 있어야 합니다. 손범규 간호사는 그 모든 조건을 조용히, 그러나 꾸준히 갖춰나갔습니다.

특히 RECTAL TUBE 처치와 같은 민감하고 세심한 간호를 수행할 때, 그는 마치 자신의 경험을 되새기듯 환자의 불안함까지 함께 감싸 주었습니다. 간호가 기술을 넘어 '사람을 향하는 일'이라는 본질을 그를 통해 다시 배운 느낌이었습니다.

짧은 기간이었지만, 한 사람의 삶이 어떻게 돌봄의 전문성으로 이어질 수 있는지를 손범규 간호사는 몸소 보여주었습니다. 고통을 딛고 일어난 간호사는 환자의 가장 깊은 고통을 이해할 수 있는 사람입니다. 그런 점에서 저는, 손범규 간호사가 환자 중심 간호의 진정한 실천자로 성장할 것을 확신하며 이 글을 남깁니다.

요양병원 현장에서 누구보다 환자에 대한 예우와 책임을 다했던 이 청년이 앞으로도 다양한 간호 환경 속에서 빛을 발하길 바랍니다. 진심으로 응원합니다.

더세인트요양병원 원장
대한요양병원협회 회장
임선재

들어가는 말

아버지로서,
한 아이의 성장과 회복을
함께 걸어오며

2000년, 밀레니엄의 시작과 함께 둘째아들이 태어났습니다. 3.5kg의 우량아였고, 첫째 형과 함께 건강하게 자라줄 거라는 기대가 가득했습니다. 그러나 시간이 흐르면서 작은 이상 징후들이 보이기 시작했습니다. 눈을 마주치지 않고, 생일 케이크의 촛불을 불지 못하는 모습 속에서 저희 부부는 당황했고, 곧 걱정은 모든 관심사를 빨아들이는 블랙홀이 되었습니다. 언어치료, 감각통합치료, 특수운동치료 등 조기 중재가 중요하다는 말에 서울과 대전을 오가며 치료와 교육에 매달렸습니다. "정상발달"이라는 하나의 기준을 향해 끊임없이 노력했던 시간들 - 지금 돌이켜보면 그 과정은 저희 부부가 부모로서 다시 태어나는 여정이었습니다. 아이를 바꾸려 했던 시작은, 결국 부모인 우리 자신이 먼저 변화하고 이해하는 법을 배워야 했던 시간이기도 했습니다.

둘째아이는 두 차례나 미아가 된 적이 있습니다. 그 순간의 절망

감과 극적인 재회는, 지금도 저희 가족에게 '신의 축복'처럼 남아 있습니다. 그런 아이가 세계 국기를 줄줄 외우는 '국기박사'로 불리게 되었고, 수영장에서는 선수로, 무대에서는 튜바를 연주하는 소년으로 자라났습니다. 그리고 마침내, 간호사로서 환자를 돌보는 사람이 되었고, 본인의 아픔을 특허와 발명으로 승화시키며 '대한민국 인재상'을 받는 영광까지 경험했습니다.

이 책은 단순한 성장 이야기가 아닙니다. 삶의 고비마다 멈추지 않고 걸어온 가족의 기록이며, 아들과 함께 '기다림의 교육'과 '있는 그대로 사랑하는 법'을 배워간 아버지의 진심입니다. 같은 길을 걷는 초보 부모님들, 장애를 마주한 가족들, 그리고 아이를 진심으로 사랑하는 모든 분들과 이 이야기를 나누고 싶었습니다.

끝으로, 오랜 시간 마음고생을 하면서도 두 아들을 정성껏 길러낸 아내 이지연에게 이 책을 바칩니다. 당신의 사랑과 헌신이 이 기적의 시작이었습니다. 진심으로 고맙습니다.

목차

추천의 글 —————————————————— 06
들어가는 말 —————————————————— 14

1. 방귀 이야기의 시작 ————————————— 21
2. 이상한 아이　|　자폐와 아스퍼거의 그림자 ——— 25
3. 변비와의 전쟁　|　배변 훈련의 어려움 ————— 31
4. 냄새의 기억　|　방귀와 수치심 ————————— 35
5. 지도와 지리의 신동　|　국기, 수도, 언어를 외우던 유아기 — 39
6. 수영을 통한 극복　|　수영에 아들의 몰입 ———— 43
7. 사고의 충격　|　교통사고와 수술 ——————— 47
8. 꿈의 상실　|　수영을 떠나면서 ———————— 51
9. 현실의 무게　|　중학교시절 OMR사건 ————— 55
10. 발명의 시작　|　교통안전 삼각대 ——————— 59
11. 튜바의 울림　|　음악으로 찾은 존재감 ————— 63
12. 예술고의 불발　|　닫혀 있던 문 ——————— 67
13. 대신고에서의 새 출발　|　매점 셔틀과 관현악반 — 71
14. 위생과 창의　|　튜바를 위한 약음기 개발 ——— 75
15. 미국 탐방　|　발명이 데려다준 첫 세계 ———— 79
16. 언어의 길　|　암기능력과 중국어 재능 ————— 83

| 17. 서울 입성 | 고려대 합격과 몸의 신호 — 87
| 18. 다시 위기 | 직장 탈출과 대장 수술 권고 — 91
| 19. 손끝의 판단 | 수술 취소와 자가 치료의 시작 — 95
| 20. 재택 치료 | 아버지의 손, 아들의 자존심 — 99
| 21. 시간의 선물 | 비대면 수업과 회복의 기회 — 103
| 22. 희망의 소리 | 방귀가 주는 감사 — 107
| 23. 해부학과 임상 | 방귀 박사 부자의 탄생 — 111
| 24. 특허 | 고통을 기술로 — 115
| 25. 복귀 | 간호학과 실습과 졸업 — 119
| 26. 간호사 | 환자에게 rectal tube를 수행하는 간호사 — 123
| 27. 인재상 | 다섯 가지 꿈과 사회적 인정 — 127

에필로그 — 132
엄마의 글 — 135
아들의 다짐 — 140
부록 | 사진첩 — 143

1

방귀 이야기의 시작

방귀. 누구나 뀌는 것이지만, 우리 가족에게 방귀는 단지 생리현상이 아니었다. 그것은 좌절의 신호이자, 회복의 출발선이었고, 사랑의 언어이기도 했다. 아들의 대장 질환과 투병의 시간 속에서 방귀 하나가 얼마나 소중하고 감사한 일인지 깨달았고, 그 소리 하나에 온 가족이 웃고 울었다. 이 책은 그런 방귀의 소리를 중심으로, 한 아이의 아픔과 성장, 그리고 가족이 함께 만들어낸 기적의 기록이다. 방귀만 잘 뀌어도 행복하다는 이 단순한 문장이, 얼마나 깊고 따뜻한 의미를 품고 있는지를 여러분과 나누고 싶다.

아들의 시선

어릴 땐 방귀를 창피한 일로만 생각했다. 친구들 앞에서 뀌면 놀림 받기 일쑤였고, 가족들 앞에서도 숨기기 바빴다. 그런데 몸이 아프고, 방귀가 나올 수 없는 상황이 되자, 그 작은 소리가 얼마나 소중한 것인지 알게 되었다. 방귀는 내가 건강하다는 것을 알려주는 신호였고, 아프지 않다는 증거였다. 아버지와 함께 그 방귀를 기다리던 날들, 조용한 화장실 안에서 지었던 안도감과 웃음은 내 삶에서 가장 따뜻한 기억으로 남아 있다.

I'm Happy That I Can Fart:
The Story of Family's Small Miracle

2

이상한 아이
자폐와 아스퍼거의 그림자

어릴 적 작은아들은 엉뚱하고 고집스러운 아이였다. 그 모습은 또래 아이들과 다르게 보여서 친구들과 어울리기 어렵게 만들었고, 결국 '이상한 아이'라는 꼬리표를 달게 되었다. 대전과 서울의 대학병원에서 자폐 스펙트럼 장애로 진단받았고, 작업치료, 미술치료, 음악치료 등 다양한 특수치료를 받기 시작했다. 관심사에 유달리 몰입하고, 고집이 세고, 사회적 신호에 민감하지 않은 특성은 결국 '아스퍼거 증후군'이라는 보다 구체적인 진단으로 이어졌다. 이 시기는 우리 가족에게 낯설고 두려운 시기였지만, 동시에 아들의 세계를 더 깊이 이해하게 되는 계기이기도 했다.

아들의 시선

나는 내가 왜 이상하게 보이는지 몰랐다. 사람들과 어울리는 일이 힘들었고, 정해진 방식대로 해야 마음이 편했다. 치료실에서 내 이름이 불릴 때마다 긴장되었고, 선생님의 질문보다 내가 보고 싶은 그림이나 책이 더 중요하게 느껴졌다. 아빠와 엄마는 나를 이해하려 노력하셨고, 나 역시 조금씩 나만의 세상 밖으로 나오는 법을 배우기 시작했다. 내가 다르다는 사실을 받아들이는 데는 시간이 걸렸지만, 그 차이가 나를 나답게 만든다는 걸 점차 깨닫게 되었다.

A STRANGE BOY —
THE SHADOW of AUTISM AND ASPERGER'S

Had a unique perspective

Therapies were challenging

Support made a difference
An intense focus on specific interests, stubbornness, and insensitivity to social cues eventually led to a more

An intense focus a diagnosics
An intense focus on specific inierests, stubbornness, and insensitivity to a precise diagnosis: Aspergers syndro-

A STRANGE CHILD –
Shadows of Autism and Asperger's

The little boy seemed odd and defiant. Struggled to fit with peers, he eventually labeled as "a strange boy". Diagnosed with autism spectrum disorder at university hospitals in Daejeon and Seoul, he did various forms of special therapy: occupational, art, and music.

MY PERSPECTIVE

I didn't know why I'm labeled as a strange boy. Struggling with others was hard, and I felt better doing things in the way I did.

Going into the therapy room made me tense, and I cared more about pictures or books I liked than the therapist's questions.

My dad and mom tried to understand me, and I gradually learned to come out of my own world. It took time for me to accept that I was different from others, but now I knew that my difference is what makes me unique.

3

변비와의 전쟁
배변 훈련의 어려움

배변 훈련은 아들에게 또 하나의 벽이었다. 생리적 욕구를 표현하고 조절하는 것은 모든 아이에게 자연스러운 과정이지만, 산만하고 예민한 성향이었던 아들에게는 좌변기에 앉는 것조차 어려운 일상이었다. 30개월이 지나도 배변 습관은 정착되지 않았고, 형보다 훨씬 늦은 훈련 진도에 부모는 우려를 감추기 어려웠다. 특히 복부에 힘을 주는 동작을 어려워했고, 항문 근처에 손을 자주 갖다 대거나 냄새를 맡는 등의 정서적, 신체적 신호를 함께 보내는 듯했다. 이 시기의 변비는 단순한 배변 문제가 아니었다. 아들의 몸이 세상과 소통하려는 방식이었던 동시에, 부모가 그 신호를 하나하나 해석하며 기다려야 하는 시간이기도 했다.

아들의 시선

나는 앉아 있는 것이 싫었다. 무언가를 눌러서 배에 힘을 주는 게 낯설었고, 특히 몸에서 나오는 것을 받아들이는 게 불편했다. 화장실에 들어가면 불빛도, 냄새도, 조용한 공간도 나를 긴장시켰다. 변비가 심해질수록 배는 점점 더 아프고, 화장실은 무서운 장소가 되었다. 엄마와 아빠는 걱정스러운 눈으로 날 바라봤고, 나는 말로 설명할 수 없어 더 답답했다. 그 시절의 나는 내 몸으로만 대화하는 아이였던 것 같다.

THE BATTLE WITH CONSTIPATION:
THE CHALLENGES OF TOILET TRAINING

Toilet training was another barrier for our son.

Even after 30 months, he was still not toilet-trained We couldn't hide our concerns about the delayed progress compared to his brother.

Using abdominal musceles was unfamiliar, and habits near the anus seemed to be a signal of emotional blend and physical discomfort

Even after 30 months, he was still not toilet-trained.

I didn't like sitting down. Straining my belly felt unfamiliar, and accepting what came out was uncomfortable.

The more constipated I became, the more the bathroom became a scary place.

냄새의 기억
방귀와 수치심

<u>4</u>

초등학교 입학 후, 수업 중 우연히 나온 방귀는 친구들의 웃음과 장난을 불러일으켰다. 그날 이후 아들은 방귀 뀌는 것을 부끄러워하게 되었고, 배에 가스가 차면 다리를 꼬거나 커튼 뒤로 숨는 행동을 보이곤 했다. 엄마는 늘 "방귀는 참는 거야"라고 가르쳤고, 아빠는 "방귀는 건강한 거야"라고 말했지만, 아들은 결국 방귀를 참는 것을 선택했다. 그러다 보니 집에서의 배변은 점점 힘들어졌고, 냄새는 더욱 심해졌다. 방귀를 숨겨야 하는 상황은 아들에게 수치심이 되었고, 몸뿐만 아니라 마음에도 상처를 남겼다. 방귀는 단지 냄새에 지나지 않고, 그 아이의 자존심이었고, 일상에서 자유를 빼앗긴 상징이 되었다.

아들의 시선

나는 그날 친구들이 웃는 얼굴을 아직도 기억한다. 날 향한 웃음소리는 나에게 조롱으로 다가왔다. 무언가 잘못한 것 같아 창피했고, 그때부터 배에 힘이 들어가는 게 무서워졌다. 나는 방귀가 나올지도 모른다는 생각으로 다리를 꼬았고, 그 와중에도 불안해했다. 누가 나를 냄새나는 아이로 생각할까, 더 이상 나 자신을 편하게 놓아줄 수 없었다. 그때부터 나는 방귀를 참기 시작했고, 동시에 나의 마음도 함께 숨기기 시작했다.

4. The Memory of Smell – FARTING AND SHAME

I still remember their laughing faces that day. The laughter was aimed at me, and I felt like teasing. I was embarrassed, like I had done somethng wrong.

I crossed my legs, unable to stay still, afraid of letting out a fart. I was scared someone would remember me as the smelly kid.

Farting is healthy.

I won't let go of myself anymore.

Since then, I began to hide my farts. and mind.

5

지도와 지리의 신동

국가, 수도, 언어를 외우던 유아기

아들이 유아기 시절 가장 좋아했던 것은 지도책과 국기였다. 어린이집에 가면 제일 먼저 책장으로 달려가 국기책을 펼쳐 한참을 들여다보았고, 중간에 그 책을 빼앗기거나 읽는 것을 방해받으면 극도로 반항하기도 했다. 그 관심은 집에서도 이어졌고, 도서관과 서점에 가면 늘 지도와 국기 관련 책만을 골라 보았다. 부모는 그런 특이한 습관이 걱정스럽기도 했지만, 점차 놀라운 재능으로 발전하는 것을 목격하게 되었다. 아들은 세계의 거의 모든 국기를 그릴 수 있었고, 해당 국가의 수도, 사용 언어, 통화 단위까지도 외우는 놀라운 암기력을 보여주었다. 정서적으로는 여전히 불안정했지만, 그 안에는 분명히 '자기만의 세계'를 깊이 있게 탐험하고 있는 아이가 되었다는 것을 볼 수 있었다.

아들의 시선

지도책을 펼치면 마음이 편안해졌다. 색깔이 다른 국기 하나하나가 내 친구 같았고, 수도와 언어를 외우는 일은 게임처럼 재미있었다. 나는 내가 외운 것들을 가족에게 자랑하는 시간이 좋았고, 그 순간만큼은 '이상한 아이'가 아니라 '똑똑한 아이'가 된 기분이었다. 사람들 속에 있는 건 어렵지만, 여러 나라들을 여행하는 건 즐거웠다. 그 지도에서 나는 나만의 방식으로 세상을 배우고 있었다.

THE BOY OF MAPS

During his early childhood, his favorite things were boks about maps and flags.

At daycare, he rushed to grab a world flag book, If someone took it away or interrupted him, he threw extreme tantrums.

Even at home, seeing him pick up only map-and-flag-related books at the library and bookstore initially worned his parents.

Eventually, they witnessed this peculiar obsession evolved into an amazing talent.

6

수영을 통한 극복
수영에 아들의 몰입

아들이 본격적으로 몰입한 첫 번째 활동은 수영이었다. 박태환 선수와 펠프스의 활약이 한창이던 시기, 아들은 수영장 물 속에 들어가는 순간 세상과의 거리를 좁힐 수 있었다. 사회성과 집중력이 부족했던 아이에게 수영은 감각통합치료 이상의 의미였다. 작업치료의 연장선으로 시작했지만, 그는 자유형, 배영, 평형, 접영을 빠르게 익히며 선수급 실력을 갖추게 되었고, 전국 수영대회에서 동메달을 획득하기도 했다. 수영은 단순한 운동이 아닌, 아들의 자존감을 세워주는 결정적인 계기였다. 활동량이 많아지며 복부팽만도 한동안 사라졌고, 몸과 마음 모두가 건강해지는 것을 가족은 함께 느낄 수 있었다.

아들의 시선

수영은 내가 세상에서 유일하게 편안함을 느끼던 공간이었다. 물속에서는 말하지 않아도 괜찮았고, 시선을 마주치지 않아도 내가 어떤 사람인지 증명할 수 있었다. 처음 접영을 해냈을 때의 기쁨, 첫 대회에서 받은 메달은 내가 '잘할 수 있다'는 믿음을 처음으로 갖게 했던 순간이었다. 물은 나를 꾸짖지 않았고, 조건 없이 안아주었다. 그 순간만큼은 나는 누구보다도 자유로웠다.

7

사고의 충격

교통사고와 수술

수영선수의 꿈을 향해 훈련에 몰두하던 어느 날, 형과 함께 도로에서 장난을 치던 중 자동차에 부딪히는 큰 사고를 당하게 되었다. 무릎 뒤를 강하게 가격당해 개방성 골절이라는 중상을 입었고, 정형외과 의사인 아버지가 직접 220바늘 이상 봉합하는 4시간의 긴급 수술을 집도하였다. 사고의 충격은 육체적으로도, 정신적으로도 깊은 상처를 남겼다. 대학병원에 장기 입원해야 했고, 심각한 피부 손상으로 인해 피부이식까지 권유받을 정도였다. 아버지는 수술 대신 꾸준한 드레싱과 치료를 택했지만, 사고의 여파로 수영 훈련은 전면 중단되었다. 회복은 더뎠고, 수영선수로서의 꿈은 그렇게 현실 앞에 멈추게 되었다.

아들의 시선

당시의 기억은 아프고 또 흐릿했다. 병원 침대에 누워 있던 나에게, 온몸의 감각은 낯설고 무거웠다. 무엇보다 내가 훈련하던 물의 감촉이 그리웠다. 다리에 붕대를 감고 침묵 속에서 잠들지 못하던 밤, 아버지가 내 발을 꼭 잡아주었던 그 따뜻한 손의 기억이 남아 있다. 아프다는 말조차 꺼낼 수 없던 나를 위해 아버지는 아무 말 없이 내 곁을 지켰다. 그리고 그 눈빛 속에서, 나는 포기하지 말아야겠다는 희미한 용기를 얻었다.

TRAFFIC ACCIDENT – SHOCK AND SURGERY

He immersed himself towards his dream of becoming swimmer

His father, who is an orthopedic surgeon, led the operation

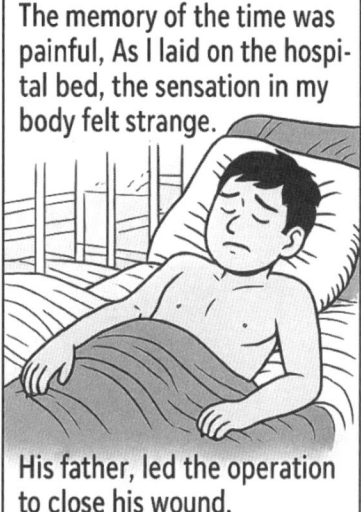

The memory of the time was painful, As I laid on the hospital bed, the sensation in my body felt strange.

His father, led the operation to close his wound.

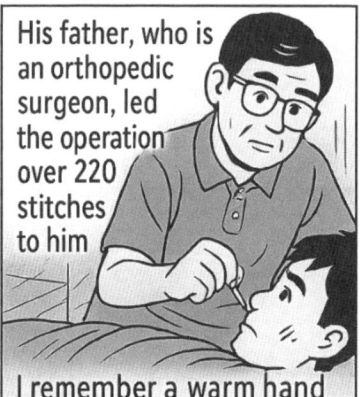

His father, who is an orthopedic surgeon, led the operation over 220 stitches to him

I remember a warm hand grasping my foot when I couldn't sleep in the silence with my leg wrapped lodag

Unable to say I was in pain, my father silently stayed by my side.
With this.
I decided myself not to give.

8

꿈의 상실
수영을 떠나면서

수영선수로서의 꿈을 향해 달려가던 아들은 교통사고 이후, 운동을 중단할 수밖에 없었다. 장기간의 입원과 재활은 몸뿐 아니라 마음의 회복에도 큰 시련으로 다가왔다. 체력은 이전보다 쉽게 저하되었고, 수영장에서의 자신감과 활기 또한 떨어져갔다. 아들은 상당수의 시간을 침대에 누우면서 자신이 어떤 길을 가야 할지에 대한 깊은 생각을 하는 데에 보냈다. 수영을 중단해야 한다는 현실은 너무도 아팠지만, 그 현실을 받아들일 수밖에 없었다. 하지만, 그는 다시 다른 문을 두드릴 수 있는 용기를 얻게 되었다. 꿈은 사라진 게 아니라, 새로운 형태로 옮겨가는 중이라는 사실을 깨닫는 계기가 되었다.

아들의 시선

나는 그날 이후 수영장에 가지 않았다. 물속을 떠오르는 꿈을 꾸곤 했지만, 아침에 눈을 뜨면 현실은 침대 위였다. 처음엔 울기도 하고, 투정도 부렸지만, 어느 순간부터 묘하게 차분해졌다. 몸이 말을 듣지 않아도 생각은 멈추지 않았다. 물 대신 펜을 잡았고, 자유형 대신 상상의 세계로 떠났다. 수영이 나의 전부인 줄 알았는데, 나에겐 아직 찾아보지 못한 '다른 가능성'이 있다는 걸 알게 되었다. 아프고 잃어버린 시간 끝에서, 나는 다시 시작할 수 있었다.

LOSS OF A DREAM — LEAVING SWIMMING BEHIND

MY PERSPECTIVE

I didn't go back to the pool after that day. I dreamed of floating on the water, but I woke op on bed instead. At first, I cried and complained, then slowly. I began to feel calmlily.
Though my body was stuck, my mind was still wandered.
I traded myself from water to pen, the freestyle for the world of imagination.
Swimming seemed to be everything, but I found another possibility." In the end.
I was able to start again.

9

현실의 무게
중학교시절 OMR사건

중학교에 입학한 아들은 처음으로 시험이라는 정식 평가 체계에 마주하게 되었다. 중간고사 첫날, OMR 카드에 답을 기재하는 시험 방식이 낯설었던 그는 선생님의 지시를 제대로 이해하지 못하고 문제지만 풀고 OMR 카드는 빈 상태로 제출해버렸다. 결과는 참담했다. 겨우 15점을 받고 돌아온 날, 부모는 충격을 받았다. 그러나 그보다도 놀라웠던 것은 아들의 반응이었다. 실망감보다는 당황함과 허탈함이 컸고, 자신이 왜 틀렸는지조차 잘 모르는 모습에서 사회적 눈치와 암묵적 규칙을 읽는 데 어려움이 있다는 사실을 알게 되었다. 이 사건은 아들이 단지 공부가 부족한 것이 아니라, 평가방식 자체를 해석하는 방식이 다를 수 있다는 사실을 가족 모두가 받아들이는 계기가 되었다.

아들의 시선

그날 시험지를 받았을 때, 나는 문제를 푸는 데 집중했다. 그리고 다 푼 다음엔 단순히 시험지를 제출하면 된다고 생각했다. OMR 카드는 그냥 '이름 쓰는 종이'쯤으로만 여겼다. 시험지를 제출하고 나서 선생님이 당황한 얼굴로 말했을 때도, 나는 무슨 일이 일어난 건지 잘 몰랐다. 점수가 낮아서 속상하기보단, '왜 다 풀었는데 틀렸다는 걸까?'가 더 궁금했다. 그날 이후 나는 시험이 단지 지식을 묻는 게 아니라, '방법을 맞히는 싸움'일 수도 있다는 걸 알게 되었다. 그리고 그 방법을 익히는 데도 시간이 필요하다는 걸 느꼈다.

THE WEIGHT OF REALITY

When my son was in middlle school, he took a midterm test to solve the questions. He wrote all the answers on my test sheet and submitted to his teacher. However, he got 15 grade out of 100. He tried to find out the reason why he got such a bad score. His teacher told him, "You should'v written the answer to the OMR card." At that moment, my son realized that he should write the answer on the OMR sheet and submit it when the exam ends. He did that since a final test.

10

발명의 시작
교통안전 삼각대

아들의 첫 번째 발명품은 '교통안전 삼각대'였다. 어릴 적 교통사고를 당했던 경험을 바탕으로, 사고 후 차량 뒤편에 설치하는 삼각대의 조립 과정이 너무 복잡해 여성이나 노약자들은 다루기 어렵다는 점에 착안했다. 그는 조립 과정이 간편하고 자동으로 세워지는 삼각대를 고안하였고, 이를 직접 만들어 발명대회에 출품하였다. 그 결과, 교내 대회에서 우수상을 받고, 대전 지역 발명경진대회에서는 금상을 수상하였다. 이후 KBS 아침마당에 출연해 발명품을 소개하며 자신감을 가지게 되었고, 가족 또한 아들의 또 다른 재능과 가능성을 발견하는 계기가 되었다. 이 발명은 단순한 아이디어가 아닌, 경험에서 비롯된 관찰력과 실용성의 결합이었다.

아들의 시선

나는 사고가 난 이후에도 늘 '그 순간'을 떠올렸다. 만약 누군가가 더 빨리 나를 알아봤다면? 삼각대를 더 쉽게 세울 수 있었다면? 이런 상상이 이어졌고, 그게 발명의 시작이었다. 복잡한 것을 단순하게 만드는 데에 흥미가 있었고, 실제로 손으로 무언가를 만드는 것도 즐거웠다. 나의 경험이 다른 사람에게 도움이 될 수 있다는 생각은 신기하고도 짜릿했다. KBS 방송에 출연했을 때, 나는 떨렸지만 자랑스러웠다. 누군가에게는 평범한 교통기구일지 모르지만, 내게는 아픔을 넘어선 첫 도전의 상징이었다.

THE START OF INVENTION

My first invention was the "Traffic Safety Triangle." Based on my childhood experience as a car accident victim, I designed a triangle that could be deployed easily after a breakdown.

MY PERSPECTIVE

Even after the accident, I kept replaying "that moment."

If the triangle had been easier to set up? This thought led to my invention.

11

튜바의 울림
음악으로 찾은 존재감

수영을 중단한 후, 아들의 새로운 관심사는 음악이었다. 특히 튜바라는 악기에 유독 끌렸고, 중학교 관현악반에 들어가며 본격적으로 연주를 시작했다. 체격이 좋고 폐활량이 뛰어났던 그는 관악기에 적합한 신체조건을 갖추고 있었고, 수영으로 다져진 리듬감과 절대음감은 그대로 음악에서도 발휘되었다. 다른 악기보다 크고 무거운 튜바는 남자아이 중에서도 지원자가 적었지만, 그는 연습에 연습을 거듭하며 존재감을 키워갔다. 관현악반 활동을 통해 친구들과의 소속감을 느낄 수 있었고, 무대에 오르며 자신감을 되찾았다. 음악은 아들에게 단순한 취미가 아닌, 잃었던 에너지를 회복하고 또래와의 관계 속에서 자리를 찾아가는 통로가 되어주었다.

아들의 시선

수영을 그만두고 나서 나는 하루하루가 막막했다. 모든 에너지가 빠져나간 것 같았고, 무엇을 해야 할지 몰랐다. 그때 튜바라는 악기를 처음 만났는데, 이상하게도 내게 말을 걸어오는 듯했다. 묵직한 소리, 큰 숨을 들이켜야만 울릴 수 있는 그 진동이 내 안의 공허함을 메꿔주는 느낌이었다. 처음에는 무겁기만 했지만, 연주를 반복할수록 내 안의 무언가가 다시 살아나는 것을 느꼈다. 음악은 내게 새로운 언어였다. 나는 튜바를 통해 다시 사람들과 어울릴 수 있었고, 무대 위에서 나 자신을 보여줄 수 있었다. 튜바는 내 존재감을 되찾게 해 준 친구였다.

THE RESONANCE OF TUBA:
Finding Presence Through Music

My son's first interest was music, which was tuba He tried to practice every day, as a result, he entered to music club since the middle to high school. He repeated his song and entered several contests and won several awards.

I was awakened by my tuba, and felt an energy flowed through my body. At that moment, I thought tuba spiked me to restore my emptiness inside my soul. I came through my role and did my performance.

12

예술고의 불발
닫혀 있던 문

아들은 관악기 연주에 대한 재능과 열정으로 예술고 진학을 준비했다. 계원예술고등학교 관악과 모집 공고를 보고 지정곡과 자유곡을 열심히 준비하며 실기시험에 도전했다. 서울에서 공부할 수 있다는 기대감으로 온 가족이 응원했지만, 합격자 발표에서 튜바 전공자 선발이 없다는 사실을 뒤늦게 알게 되었다. 트럼펫과 트롬본 전공자만 뽑는 해였고, 튜바는 이미 충원되어 선발하지 않았던 것을 말이다. 시험 준비에 쏟아부은 시간과 열정이 허망하게 느껴졌고, 아들도 큰 상실감을 느꼈다. 그러나 이 경험은 진로를 유연하게 바라보는 계기가 되었고, 음악이라는 표현 수단을 계속 품은 채 다른 길을 찾게 되는 출발점이 되었다.

아들의 시선

그때 나는 내 손에 쥔 악보가 너무 무겁게 느껴졌다. 튜바를 들고 매일같이 연습했던 시간이, 한순간에 방향을 잃은 것 같았다. 시험을 망친 것도 아니고, 실력이 부족한 것도 아닌데 '선발 없음'이라는 말 한 줄로 기회조차 없었다는 사실이 나를 깊이 낙담하게 했다. 그러나 그날 이후, 나는 목표가 어긋날 수도 있다는 사실을 처음 배웠다. 음악이 내 전부는 아니었고, 세상엔 내가 할 수 있는 일이 더 있을 거라는 생각도 들었다. 아직도 튜바를 불 때면 그때의 허탈함이 떠오르지만, 동시에 내가 꺾이지 않았다는 자부심도 함께 느껴진다.

13

대신고에서의 새 출발
매점 셔틀과 관현악반

중학교 친구들과 다른 고등학교로 진학하게 된 아들은 대전 산 중턱에 있는 대신고등학교에 입학했다. 넓은 교정과 관현악반, 발명반이 있는 이 학교는 새로운 출발을 위한 좋은 환경이었지만, 낯선 친구들과의 적응은 쉽지 않았다. 학기 초, 교내 매점에서는 쉬는 시간마다 간식을 대신 사 오는 '매점 셔틀' 역할을 하며 친구들과 관계를 맺기 위해 애썼고, 매점 아줌마에게는 군것질을 많이 하는 아이로 알려지기도 했다. 하지만 관현악반 활동은 아들이 다시 자기 자리를 찾아가는 데 큰 역할을 했다. 남학생들끼리 악기를 나르고 합주하며 자연스럽게 협동심과 유대감을 느끼게 되었고, 점차 친구들과 어울림 속에서 편안함을 되찾기 시작했다. 튜바는 여전히 그의 존재감을 드러내는 소중한 도구였고, 이 새로운 무대는 그에게 또 다른 성장을 약속하고 있었다.

아들의 시선

나는 새로운 교복을 입고 등굣길에 오를 때마다 혼자라는 생각에 가슴이 먹먹했다. 중학교 친구 하나 없이 낯선 학교에 발을 딛는 건 결코 쉬운 일이 아니었다. 쉬는 시간마다 매점으로 달려가 친구들의 부탁을 들어주면서 말문을 트려고 애썼고, 간식을 손에 든 채 "나도 괜찮은 애야"라고 말하고 싶었다. 관현악반에서 튜바를 불기 시작하자 조금씩 달라졌다. 연습실에서 악기를 나르며 웃던 친구들의 얼굴, 단체 사진 속 내 자리, 무대 위의 조명 아래에서 들리는 음표 하나하나가 나를 조금씩 안심시켜줬다. 그때 느꼈다. 나는 다시 시작할 수 있다는 것을.

14

위생과 창의
튜바를 위한 약음기 개발

튜바 연주 활동이 본격화되면서 아들은 연주 이후 악기 내부에 고이는 침과 냄새 문제를 자주 경험하게 되었다. 특히 튜바는 크기와 구조상 물기와 냄새가 쉽게 갇히기 쉬웠고, 이를 제대로 건조하지 않으면 다음 연주 때 불쾌한 냄새와 감염 위험이 따랐다. 이를 해결하기 위해 아들은 아버지와 함께 튜바 내부를 효과적으로 건조할 수 있는 약음기를 개발하고자 했다. 소형 선풍기, 살균기능, 휴대성이라는 조건을 더해 '건조와 살균기능이 있는 관악기용 약음기'를 제작하였고, 이는 실제 학교 관현악 반에서도 매우 유용하게 사용되었다. 이 발명은 대전 교육감상을 수상하였고, 아들은 교육청 주관 해외 문화탐방의 대표 학생으로 선정되어 샌프란시스코와 LA를 다녀오는 값진 기회를 얻게 되었다. 음악과 위생, 창의성이 만난 이 경험은 아들에게 '발명'이란 또 하나의 언어가 되어주었다.

아들의 시선

연주가 끝난 뒤, 내 튜바에서 스멀스멀 올라오는 냄새는 언제나 나를 불편하게 했다. 침이 고여 악기 안에 쌓이는 게 싫었고, 연습이 끝날 때마다 청소와 건조를 반복하는 것도 번거로웠다. 누군가는 그걸 대수롭지 않게 여겼지만, 나는 그 냄새가 내 연주를 방해하는 듯한 기분이 들었다. 아빠와 함께 약음기를 개발하며 '내가 불편했던 것들을 고치는 발명'이란 것이 얼마나 의미 있는 일인지 처음 알게 되었다. 그리고 그 작은 불편을 해결한 결과로 미국 땅을 밟게 되었을 땐, 냄새도, 침도, 불편도 내 인생의 한 부분이었음을 감사하게 되었다.

HYGIENE AND INGENUUITY
Designing a Mute for Tuba

My son realized there is a saliva and odor remaining inside the tuba while playing.

We designed a 'drying and sterilizing mute'

FROM MY PERSPECTIVE

I felt the odor during the session, so I repeatedly cleaned my instrument when I realized the problem. The experience of inventing remained me a gratefulness.

15

미국 탐방
발명이 데려다준 첫 세계

해외 문화탐방의 대표로 선정된 아들은 샌프란시스코와 LA를 포함한 9박 10일간의 미국 연수를 떠나게 되었다. 이 여행은 단순한 견문 확장이 아니었다. 스스로 만든 발명품 덕분에 외국 땅을 밟았다는 성취감, 부모 없이 처음으로 비행기를 타고 타 문화권 사람들과 소통한 경험은 그의 삶을 한층 성숙하게 만들었다. 연수 동안 그는 낯선 환경 속에서도 두려움 없이 미국인과 영어로 대화를 이어갔고, 지도와 국기를 외우던 특성은 미국의 51개 주에 관한 관심으로 확장되었다. 그 경험은 아들에게 "나는 혼자가 아니고, 충분히 해낼 수 있다"는 자신감을 안겨주었다. 이 연수는 그가 꿈꾸는 국제적 시야를 여는 시작이자, 스스로 내린 '할 수 있다'는 첫 공식적인 확인서였다.

아들의 시선

처음으로 부모님 없이 외국에 나간다는 게 두렵기도 했지만, 한편으로는 설렜다. 비행기에서 창밖을 보며 '내가 해냈구나' 하는 생각이 들었다. 공항에서 영어로 말을 걸고, 샌프란시스코 골든게이트 다리 아래서 찍은 사진은 내가 더 이상 어린아이가 아니라는 증거처럼 느껴졌다. 현지 학생과 튜바 이야기를 나눴을 때, 우리는 악기로 친구가 되었고, 언어를 넘어선 소통이 가능하다는 걸 처음 느꼈다. 그때부터 나는 '세계'라는 무대를 두려워하지 않게 되었다.

TRAVELING ABROAD – WHERE INVENTION TOOK ME

We went on a ten-day trip to the United States, including San Francisco and LA.

We addressed us by designing a 'drying and sterilizing mute.

For the first time, I go on a plane without parents

Hi! My name is—

Speaking English wasn't so frightening after all.

I can handle this, all by myself!

Seeing new places fuel my curiosity even more.

I play tuba

I play tuba, too.

I discovered that music can connect people.

© OpenAI

16

언어의 길
암기능력과 중국어 재능

미국 연수를 다녀온 후, 아들은 언어에 대한 열정을 더욱 본격적으로 키워나갔다. 제2외국어로 선택한 중국어는 그의 암기력과 연상 능력에 딱 맞는 과목이었다. 한자와 유사한 형태가 많은 덕분에 구조적으로 언어를 기억하기 쉬웠고, 수업 시간마다 그만의 학습 방법을 통해 늘 상위권을 유지했다. 중국어는 곧 아들의 자존감을 다시 세워주는 학문이 되었고, '서울에서 공부하고 싶다'라는 목표로 이어졌다. 대학 입시에서 지리학과와 중어중문학과를 동시에 지원한 결과, 고려대학교 중어중문학과에 최종 합격하는 영광을 안았다. 이는 단순한 진학이 아니라, 사회적 약자에서 능동적인 삶의 주체로 탈바꿈하는 하나의 전환점이 되었다.

아들의 시선

중국어는 내게 단순한 외국어가 아니었다. 내가 남들보다 다르게 세상을 바라보는 방식을 언어로 표현할 수 있다는 것에 처음으로 자신감을 느꼈다. 복잡한 성조와 발음을 외울 때마다 머릿속에서 그림이 그려졌고, 그 과정이 재미있었다. 수업 시간마다 손을 들고 발표하면서 나도 다른 친구들과 같은 '참여자'가 되어 가고 있다는 기분이 들었다. 고려대 합격자 발표를 본 순간, 스스로 이렇게 말했다. "나는 할 수 있었고, 앞으로도 해낼 수 있다."

CHINESE LANGUAGE – A GIFT FOR MEMORIZATION

Chinese was not just a language. It was a way that I express my unique way of viewing the world.

I raised my hand in class, felt just like I became a 'par ticipant' along with my peers.

When I saw the news, I told myself, "I can do it, and I'll keep doing it."

CONGRATULATIONS!
ADMITTED
KOREA UNIVERSITY

17

서울 입성
고려대 합격과 몸의 신호

고려대학교 중어중문학과에 입학한 아들은 인생의 전환점을 맞이했다. 서울 안암동 캠퍼스에서 홀로 생활을 시작하면서 해방감을 느꼈지만, 장애가 있는 아들을 둔 부모의 걱정은 여전했다. 좁은 원룸 생활과 혼자 해결해야 하는 식사는 예상보다 큰 도전이 되었고, 185cm의 큰 키를 가진 아들은 과식을 반복하여 복부팽만이 다시 심해지기 시작했다. 중문과는 여학생 비율이 높았고, 생리현상에 민감한 아들은 방귀를 더 참는 경향이 있었다. 긴장 속에서 복부팽만은 심해졌고, 배변을 위해 무리하게 힘을 준 어느 날, 직장이 항문 밖으로 탈출하는 응급 상황이 발생했다. 이는 대장 질환 투병의 본격적인 시작이자, 아들에게 다시 한번 삶의 방향을 묻게 한 중대한 사건이었다.

아들의 시선

혼자 살게 된다는 건 자유였던 동시에 두려움이었다. 처음엔 내 마음대로 먹고 자고 공부할 수 있다는 게 좋았지만, 시간이 갈수록 내 몸이 무거워지고 이상한 신호를 보내기 시작했다. 배가 자주 불러오고, 속이 편하지 않았다. 친구들 앞에서는 괜히 더 조심하게 되고, 냄새를 의식하며 스스로 더 억누르게 되었다. 그러다 어느 날 갑자기 찾아온 그 사건—직장이 빠져나왔을 때, 나는 모든 것이 무너졌다는 생각을 했다. 이건 단순한 몸의 고장이 아니라, 내 삶이 다시 시험대에 오른 순간이었다.

SNU Admission — Change of My Body's Signals

18

다시 위기
직장 탈출과 대장 수술 권고

폭식 후 배변을 위해 힘을 준 어느 날, 직장이 약 60cm 이상 항문 밖으로 빠져나오는 충격적인 일이 발생했다. 응급실로 간 아들은 선천성 거대결장으로 인한 직장 탈출이라는 진단이 내려졌고, 의료진은 대장 전체를 절제하고 인공항문을 만들어야 한다는 수술 계획을 설명했다. 당시 아버지는 보호자 침대에서 함께 밤을 지새우며 수술 준비 과정을 지켜보았다. 전공의 파업으로 수술진이 부족한 상황에서, 집도의가 이 수술을 마지막으로 미국 연수를 떠날 예정이라는 사실도 전해져 가족의 불안은 극에 달했다. 수술 하루 전, 관장을 위해 rectal tube를 삽입하던 중 대량의 가스가 빠져나가는 것을 목격한 아버지는 담당 전공의에게 "복부팽만 외엔 증상이 없으니, 제가 가정에서 가스를 관리하며 기다리는 것이 어떻겠습니까?"라고 제안했고, 전공의는 이를 수락했다. 그렇게 아들은 수술을 연기하고, 가정에서의 보존적 치료라는 또 하나의 여정을 시작하게 되었다.

아들의 시선

나는 수술대 위에 올라가야 한다는 말을 들었을 때, 무서웠다. 말로는 담담히 들었지만, 속으로는 수술 후 나 자신이 어떻게 달라질지 상상조차 하기 싫었다. 인공항문이라는 단어는 낯설고 끔찍했다. 내가 그토록 싫어하던 냄새와 소리를 제어할 수 없다는 공포가 덮쳐왔다. 그런 내게 아버지는 말없이 곁에 있어 줬고, 의학적인 선택지를 다시 생각해보자며 손을 내밀었다. 병원 침대에서 눈을 감고 있을 때, 아버지가 전공의에게 진지하게 말을 건네던 순간을 기억한다. 누군가는 나를 포기하지 않고, 내 몸의 가능성을 믿어주고 있다는 확신이 들었다. 수술을 미룬 건 단순한 연기가 아니라, 내 삶을 다시 선택할 수 있는 기회였다.

19

손끝의 판단
수술 취소와 자가 치료의 시작

수술을 하루 앞두고 전공의가 삽입한 rectal tube를 통해 대량의 가스가 배출되는 장면을 본 아버지는 직감적으로 판단했다. 복부팽만 외에 급박한 증상이 없다는 점, 수술 인력 부족 상황, 그리고 아들의 몸과 마음이 준비되지 않았다는 사실까지 고려해 그는 수술 대신 재택 치료를 선택하기로 했다. 전공의 동의를 얻어 퇴원을 결정한 후, 아버지는 직접 아들의 rectal tube 처치를 맡아 하루하루 관리해 나갔다. 방은 조용히 닫혔고, 청년의 자존심을 배려하며 시작된 처치는 단순한 의료 행위 그 이상이었다. 의료 장비 없이 가능한 조치를 총동원해 대장의 연동운동 회복을 도왔고, 아버지와 아들은 실전에서 길을 찾아가는 한 팀이 되어갔다. 수술을 거부한 손끝의 선택은, 결과적으로 아들의 삶을 바꾸는 첫걸음이 되었다.

아들의 시선

그날 나는 병원 침대에 누워, 손끝으로 내 삶이 달라지는 순간을 느꼈다. 의사들은 수술이 정답이라고 했지만, 아버지는 내 얼굴을 보고 말했다. "아직 기다릴 수 있다." 아버지의 눈빛에서 나는 믿음을 봤고, 그 믿음이 나를 병원 밖으로 이끌었다. 집으로 돌아와 시작된 치료는 때때로 아프고 민망했지만, 수술대 위에 서 있는 나 자신보다는 덜 두려웠다. 나를 가장 잘 아는 사람이 내 곁에 있었기에, 나는 조금씩 자신을 되찾을 수 있었다. 방귀 소리가 들릴 때마다 아버지는 웃었고, 나는 안심했다. 그때 알았다. 의사의 손끝이 아니라, 아버지의 손끝이 내 삶을 바꿔놓고 있다는 걸.

SENSIBLE DECISION —
Cancelled Surgery, Beginning Self-Treatment

The day before surgery, he saw a large amount of gas being expelled through his rectal tube, With no signs of acute distress beyond blaating, he insisted self-treatment to his physician After securing the physician's consent, he was discharged, taking over the rectal tube care. He utilized all the possible means without equipment to restore his movement of colon. With together, we became a team for searching solutions. The choice of his

FROM MY PERSPECTIVE
That day, when I laid on the hospital bed, I felt my life is getting ruined.
My doctor told me the surgery is the only way, but my dad looked at him and said, "We still have time."
Thanks to him.

20

재택 치료
아버지의 손, 아들의 자존심

퇴원 후 아들의 치료는 아버지의 손에 맡겨졌다. 대장 연동운동의 회복을 위해 rectal tube로 가스를 배출하고, 복부 상태를 수시로 확인하는 일상이 반복되었다. 집 안 화장실은 임시 치료실이 되었고, 닫힌 문 안에서 아버지와 아들은 묵묵히 자신들의 역할을 감당해냈다. 청년이 된 아들의 자존심을 지켜주기 위해, 아버지는 언제나 조용히 문을 닫고 처치를 해줬고, 말없이 고통을 나누며 서로에 대한 신뢰를 다져갔다. 단순한 의학적 처치를 넘어, 이는 부자간 깊은 교감의 시간이 되었고, 몸과 마음이 동시에 회복되는 특별한 여정이었다. 의사로서, 아버지로서, 또 가장 가까운 동료로서 그는 아들의 회복을 이끌었을 뿐 아니라, 아들은 점차 자신의 병을 이해하고 마주할 용기를 얻게 되었다.

아들의 시선

　　화장실의 문이 닫히면, 나는 환자가 되고 아버지는 간호사가 되었다. 무언의 교감 속에서 우리는 말없이 시간을 보냈고, 처치가 끝난 후에도 아버지는 한 번도 내 눈을 피하거나 고개를 돌리지 않았다. 수치심보다 따뜻함이 먼저였고, 무력감보다 믿음이 컸다. 가스가 빠지고, 복부가 부드러워질 때마다 나는 '살고 있다'라는 확신을 조금씩 되찾았다. 처음에는 부끄러웠지만, 시간이 지나면서 그 시간이 내게 가장 깊은 위로가 되었다. 아버지의 손은 차갑지 않았다. 그 손이 있었기에, 나는 아픔을 두려워하지 않는 용기를 배워갔다.

JUDGEMENT AT MY FINGERTIPS —
Cancelled Surgery and Beginning Self-Treatment

I judged that there were no urgent symptoms beyond abdominal distension.

After obtaining the physician's consent, I decided to cancel the surgery and took charge of my son's daily rectal tube care.

His body started healing since my treatment.

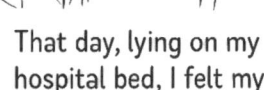

That day, lying on my hospital bed, I felt my life change at my fingertips.

That day, lying on my hospital bed, I felt my life change at my fingertips.
Doctors said surgery was the answer but my father looked at my face and said, "We still have time."

21

시간의 선물
비대면 수업과 회복의 기회

THE GIFT OF TIME
ONLINE CLASSES AND A CHANCE TO HEAL

2020년 3월, 코로나19 팬데믹의 여파로 서울대학교는 입학식 없이 모든 수업을 비대면으로 전환했다. 재택 치료를 병행하던 아들에게 이 변화는 오히려 축복과 같은 기회였다. 학교에 가지 않아도 수업을 들을 수 있었고, 휴식과 처치를 병행할 수 있는 충분한 시간이 주어졌다. 초반에는 rectal tube를 자주 사용해야 했지만, 시간이 흐르면서 점차 횟수가 줄어들었고, 어느 날은 스스로 자연스럽게 방귀가 나오는 날도 생기기 시작했다. 우리는 그 날을 축하했다. 작은 소리 하나에 온 가족이 안도하고, 그 냄새조차 반가워했다. 방귀는 회복의 신호였고, 희망의 언어였다. 비대면 수업은 그저 강의 방식의 변화가 아니라, 우리 가족에게는 회복과 전환의 시간을 선물해 준 특별한 선물이었다.

아들의 시선

내가 원했던 대학 생활은 캠퍼스를 누비며 강의를 듣고 친구들과 어울리는 모습이었지만, 시작은 침대 위였다. 처음엔 아쉬웠다. 그러나 시간이 지날수록 깨달았다. 나는 지금, 내 몸의 소리에 집중할 수 있는 귀한 시간을 얻은 것이다. 방귀 하나가 나왔을 때, 나는 눈물을 삼켰다. 그 작은 소리가 내게 "괜찮아지고 있어"라고 말해주는 것 같았다. 수업을 듣고, 누워서 쉬고, 아버지와 조용히 치료를 이어가던 그 시간이 내게 가장 의미있었던 대학 생활이었다. 나는 방 안에서, 다시 살아나고 있었다.

21. THE GIFT OF TIME –
REMOTE CLASSES AND A CHANCE FOR RECOVERY

The pandemic on March, 2020, led the university to switch to recovering treatment recovered

I had envisioned college life on campus. but mine began in bed. Though initially disappointeed, I soon realized the precious time he had to listen his body's needs, I held back tears.

Son's Perspective

I had envisioned college life on campus, but mine began in bed.
Though initially disappointed, I soon realized I now preicious time to lose to keii body's needs, I held back tears.

22

희망의 소리
방귀가 주는 감사

재택 치료가 점차 안정되면서, 아들은 드물지만 스스로 방귀 뀌는 일이 생기기 시작했다. 그 소리는 단지 가스가 빠져나오는 생리현상이 아니었다. 가족 모두에게 그것은 기적의 소리였다. 방귀가 나왔다는 사실 하나에 서로 눈을 맞추고 웃었고, 어떤 날은 그 냄새조차도 반가웠다. 방귀는 대장이 제 기능을 하고 있다는 증거였고, 무사히 하루를 보냈다는 신호였으며, 회복의 징표였다. 누군가에겐 사소하고 부끄러운 일이 우리 가족에겐 가장 기쁜 뉴스가 되었다. 이 경험은 일상의 사소한 현상조차 얼마나 고마운 일인지, 건강이란 것이 얼마나 기적처럼 유지되어야 하는지를 온몸으로 깨닫게 해주었다. 방귀가 나오는 날은, 우리 가족 모두가 다시 웃을 수 있는 날이었다.

아들의 시선

처음엔 나도 방귀 소리가 부끄러웠다. 친구들 앞은 물론이고, 가족 앞에서도 방귀를 참았다. 하지만 어느 날, 그 소리를 듣고 아빠가 미소 지었고, 엄마는 눈시울을 붉혔다. 그 순간 알았다. 내 몸이 다시 살아나고 있다는 걸. 모두가 그걸 기다려왔다는 걸. '방귀'는 이제 내게 창피한 것이 아니라, 내가 살아 있다는 신호가 되었다. 나는 더 이상 숨기지 않기로 했다. 작은 소리지만, 그것이 우리 가족에게 얼마나 큰 의미인지 알고 있기 때문이다. 지금 순간에도, 나는 조용히 감사한다.

THE SOUND OF HOPE —
Gratefully for the Fart

As the home treatment stabilized, I began passing gas occasionally. That noise was more than just gas escaping to us; it was a miraculous sound for the whole family.

Passing gas was evidence of my colon working, a sign of a good day and a marker of progresss. What is trivial and embarrassing to some was joyful news for our family.

At first, I was ashamed of passing wind, but when my dad smiled and mom teared up, I realised the wait was over. Farts are no longer something to hide, but a signal that I'm alive. In this moment, I am quietly grateful.

23

해부학과 임상

방귀 박사 부자의 탄생

DOCTORS OF FARTOLOGY

Anatomy and Clinical Practice

The nickname "doctors of fartology' started as a joke, but through studying anatomy textbooks and discussing fart flow, my dad and I have learned more about fart.

코로나로 인한 장기간의 비대면 수업은 아들이 간호학 전공 수업에 몰입할 수 있는 기회를 만들어 주었다. 특히 해부학과 소화계통 강의는 본인의 질환을 이해하고 분석하는 데 실질적인 도움이 되었다. 해부학 교재를 펼치며 아버지와 함께 장기 구조를 공부한 그는, 직장이 270도로 꺾여 있다는 해부학적 사실과 대장의 꺾이는 부위에서 연동운동이 정체될 수 있다는 점을 몸소 체험하며 이해하게 되었다. 반복되는 rectal tube 삽입 경험과 치료 과정은 단순한 간호 실습을 넘어, 실전 중심의 연구와 체득으로 이어졌다. 부자는 방귀의 흐름, 가스의 방향, 대장의 운동 원리를 두고 토론을 벌이며 하나의 연구팀이 되었다. 결국 그들은 농담처럼 스스로 "방귀 박사"라 부르며, 누구보다 대장의 구조와 기능에 대해 깊이 이해하는 가족이 되어갔다.

아들의 시선

　'방귀 박사'라는 별명은 처음엔 웃기기만 했다. 그런데 정말로 나는 대장과 직장, 연동운동, 가스 흐름에 대해 누구보다 잘 알게 되었다. 해부학 수업에서 배운 내용이 내 몸에서 직접 확인되었고, 아버지와의 대화는 단순한 공부가 아니라 살아 있는 의학 수업이었다. 우리는 가끔 서로의 노트를 펼치고 토론했다. 누가 더 정확히 기억하는지, 왜 그 부위에서 가스가 고이는지를 두고 웃으며 이야기했다. 내가 겪은 고통이 지식이 되고, 지식이 공감으로 바뀌는 순간들. 그 시간이 쌓여, 나는 진짜 간호사가 되어가고 있다는 확신이 생겼다.

GAS AND GUTS —
The Birth of the Fart Doctors

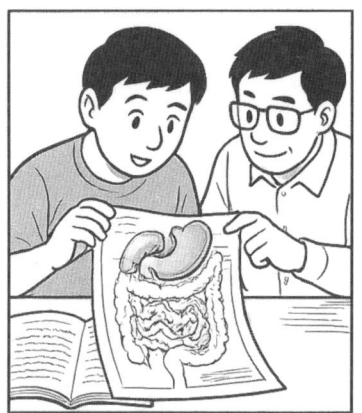

The nickname "Fart Doctor" made me laugh at first. But I came to realize that

The nickname "Fart Doctor" made me laugh at first. But I knew more about h colon, rectum, peristalsis, and the flow of gas than anyone else

24

특허
고통을 기술로

2년 반에 걸친 투병과 간호학 공부를 병행하면서, 아들은 자연스럽게 의학 기술과 환자의 관점을 동시에 품게 되었다. 수많은 rectal tube 시술을 경험한 그는 "왜 이렇게 자주 꺾이고 불편할까"라는 의문이 생겼고, 그 물음을 형인 의대생과 나누기 시작했다. 고무로 된 기존 튜브는 쉽게 구부러지는 단점이 있었기에, 환자에게 고통을 주는 점을 개선하고자, 내부에 스프링을 삽입해 유연성과 강직도를 동시에 갖추는 구조를 고안했다. 아버지와 형, 그리고 아들이 함께 아이디어를 다듬고, 특허 검색과 출원 절차를 밟아 '사용성이 개선된 직장 삽입용 기구'라는 이름으로 출원하게 되었고, 마침내 정식 특허 등록이라는 결과를 얻게 되었다. 환자로서 겪은 불편함을 기술로 바꾸고, 그것을 사회 전체에 공헌하는 형태로 구현해낸 이 경험은 아들에게 단순한 성취가 아니라 삶의 목적을 새롭게 구성하는 결정적인 전환점이 되었다.

아들의 시선

나는 늘 환자였지만, 동시에 관찰자이기도 했다. 내 몸에 들어오는 기구가 얼마나 불편한지, 얼마나 쉽게 꺾이는지를 누구보다 잘 알았기에, 개선하고 싶은 마음이 컸다. 형에게 아이디어를 설명하고, 아버지와 구조를 그려보는 과정은 기대되는 모험이었다. 나의 고통이 누군가에게는 편안함이 될 수 있다는 가능성—그것이 나를 움직이게 했다. 특허 등록증을 손에 쥐었을 때, 나는 단순한 간호대 졸업생이 아니라, 세상을 조금 더 낫게 만들 수 있는 사람이라는 자존감을 얻게 되었다.

PATENT — PAIN INTO TECHNOLOGY

A potient's perspective

I was always a patient, but also an observer. I knew how uncomfortable and easily kinked the device was, which fueled my desire for improvement. Explaining the idea to my brother and sketching it out with Dad was an exciting adventure. The chance to turn my pain intp someone else's comfort - that's what motivated me. When I held that patent certificate, I felt I wasn't just a nursing student, but someon- who could help make a world

25

복귀
간호학과 실습과 졸업

3학년 후반기부터 대면 수업이 재개되면서 아들은 회복된 몸으로 실습에 참여하게 되었다. 오랜 재택 치료와 공부를 병행한 덕분에 이론에 대한 이해는 누구보다 깊었고, 임상에서의 자세 또한 진지하고 세심했다. 간호학과 친구들과 함께 병원 실습을 돌며 그는 환자의 고통을 누구보다 공감했고, 자신의 과거를 떠올리며 정성스럽게 간호에 임했다. 그 결과 4학년 수업을 무사히 마치고 간호사 시험에 합격해 정식 간호사 면허증을 취득했다. 서울대학교 졸업식에서는 총동창회장상을 수상하며 학업과 삶, 회복의 의미를 모두 담은 상징적인 마무리를 할 수 있었다. 이 순간은 단지 학문적 성취가 아닌, 가족의 사랑과 아들의 의지로 일궈낸 기적의 또 다른 이름이었다.

아들의 시선

실습복을 입고 처음 병원에 들어섰을 때, 나는 누구보다 조용히 긴장하고 있었다. 내가 환자였던 기억들이 떠올랐고, 병원의 냄새, 침대 시트의 촉감, 가스가 차서 고통스러웠던 순간들까지도 선명했다. 하지만 이번에는 다르다고 계속 되뇌었다. 나는 이제 도움을 주는 사람이고, 이해하는 사람이었다. 환자의 배를 손으로 누르며 그들의 숨결을 느낄 때마다, 과거의 내가 그 안에 있었고, 나는 그때의 나를 돌보는 마음으로 간호를 배웠다. 졸업식 날 받은 상은 나만의 것이 아니었다. 나를 일으켜 세워준 아버지와 형, 그리고 기다려준 가족 모두에게 바치는 감사의 증표였다.

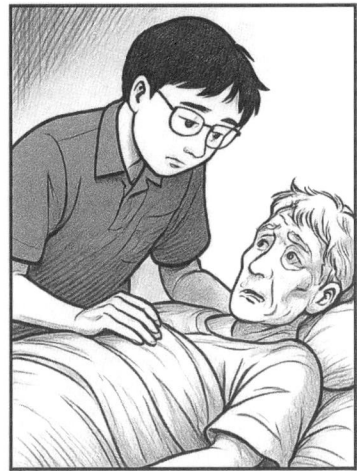

When I first set foot in the hospital in my practical uniform, memories of being a patient came rushing back to me. But this time, things were different. I was now the one helping, the one who undersood.

26

간호사
환자에게 rectal tube를 수행하는 간호사

졸업 후, 아들은 요양병원 중환자실에 취업하여 신규 간호사로 근무를 시작했다. 그곳에는 장기 요양 중인 환자들이 많았고, 대장의 연동운동이 저하된 환자들을 위해 관장이나 rectal tube 처방이 빈번히 내려졌다. 그는 과거 아버지에게 받았던 처치를 되새기며, 누구보다 섬세하고 침착하게 rectal tube 시술을 수행했다. 가스가 빠져나오는 순간 환자의 복부가 부드러워지는 모습을 보며 그는 속으로 말했다. "방귀만 나와도, 참 다행이다." 고통의 기억은 이제 타인을 돌보는 전문성과 공감력으로 전환되었고, 그는 실습이 아닌 실제 임상에서 '환자 중심 간호'의 진짜 의미를 체화해 나갔다. 그가 간호하는 환자에게도, 그리고 스스로에게도 방귀는 여전히 회복의 가장 따뜻한 신호였다.

아들의 시선

처음 rectal tube를 잡았을 때, 손이 약간 떨렸다. '내가 이걸 다른 사람에게 해도 될까?'라는 생각도 자주 하였다. 하지만 곧 깨달았다. 내가 받았던 그 섬세한 손길, 조용히 문을 닫아주던 아버지의 배려, 그리고 말없이 함께 견딘 시간이 나에게 기술 이상의 것을 가르쳤다는 사실을. 나는 단지 시술을 하는 것이 아니라, 불안과 고통 속의 누군가에게 "당신은 혼자가 아닙니다"라고 말하고 있는 거였다. 방귀는 여전히 나에게 특별한 의미를 부여한다. 나는 지금, 누군가의 방귀를 기다리는 간호사다. 그리고 그것이 나에게는 가장 인간적인 일이기도 하다.

WAITING FOR A FART –
The Compassion of Nursing

My perspective

When I first held a rectal tube, my hands trembled slightly, Was I really allowed to perform this on another person? But I realized that more than just a procedure, I was telling someone in pain and fear "you are not alone". Farts still carry a special meaning for me. Now, I am a nurse waiting for a fart, and there's nothing more human than this.

27

인재상

다섯 가지 꿈과 사회적 인정

간호학과를 졸업한 뒤에도 아들은 꾸준히 홀트아동복지회에서 봉사활동을 이어갔다. 봉사활동 5년 차가 되던 해, 홀트의 추천을 받아 '대한민국 인재상'에 도전하게 되었다. 아들은 지원서에 자신의 다섯 가지 꿈을 적었다. 수영선수, 발명가, 남자 나이팅게일, 국제간호사, 장애 극복의 롤모델을. 그 모든 여정은 쉽지 않았지만, 점차 현실이 되어갔다. 결국 그는 교육부총리상을 수상하며 '대한민국 인재상'의 주인공이 되었고, 사회적으로도 그의 투병과 도전, 회복의 의미가 인정받는 순간이 되었다. 상금은 다시 홀트아동복지회에 기부했고, 그는 말없이 이렇게 말했다. "내가 받은 도움을 다른 이들에게 돌려주고 싶다." 그의 삶은 이제 누군가에게 위로이자, 새로운 출발을 위한 희망의 증표가 되었다.

아들의 시선

장애가 있다는 말은, 어릴 적부터 익숙하면서도 낯설었다. '정상'이라는 선을 넘지 못해 뒤처진다는 느낌은 때론 무기력했고, 때론 더 치열하게 살도록 만들었다. 내가 적은 다섯 가지 꿈은 사실 현실에 대한 저항이자 선언이었다. 나는 포기하지 않겠다고, 나는 여전히 걸어가겠다고. 수상자 명단 속에 내 이름을 확인했을 때, 기쁘다기보다 놀랐다. 나 같은 사람도 누군가의 롤모델이 될 수 있다는 사실이, 믿기지 않았다. 그리고 다짐했다. 이 상은 끝이 아니라 시작이라고. 나의 다음 걸음은, 또 다른 누군가의 희망이 되기를.

27. ACKNOWLEDGEMENT – FIVE DREAMS AND NATIONAL TALENT

AFTER WINNING THE AWARD, I REALIZED THAT EVEN SOMEONE LIKE ME COULD BE A ROLE MODEL OF OVERCOMING DISABILITY.

에필로그

진짜 회복, 진짜 행복

　아들의 방귀는 단지 소리도, 냄새도 아닌 가족의 희망이자 회복의 증거였다. 처음엔 그저 웃음거리였던 생리현상이 삶의 전환점이 되었고, 고통과 좌절, 재활과 꿈의 여정 속에서 우리 가족은 진짜 회복이 무엇인지 깨닫게 되었다. 방귀 하나로 건강을 확인하고, 방귀 하나로 사랑을 확인하며, 우리는 다시 웃을 수 있었다. 아들은 아픔을 기술로 승화시켜 세상에 기여하고 있고, 부모는 매 순간을 기록하며 그 걸음을 응원하고 있다. '방귀만 잘 뀌어도 행복하다'라는 이 단순하고도 따뜻한 진리는, 지금 순간에도 누군가에게 작은 기적이 되어가고 있을 것이다. 이 책이, 그들에게도 같은 위로와 희망이 되기를 간절히 바란다.

아들의 시선

　처음엔 '방귀'가 이렇게 긴 여정의 시작이 될 줄 몰랐다. 남들에겐 아무 일도 아닐 수 있는 그 일이 저에겐 하루하루를 버티는 신호였고, 삶의 방향을 바꾸는 계기가 되었다. 방귀 하나로 좌절했고, 방귀 하나로 웃었고, 방귀 하나로 다시 살아야겠다는 결심을 했다. 지금은 간호사로서, 발명가로서, 장애를 딛고 일어선 사람으로서, 제 이야기를 전할 수 있게 되었다. 아직 완전한 끝은 아니지만, 저는 이제 제가 살아온 삶을 두려움 없이 꺼낼 수 있게 되었다. 그리고 말할 수 있습니다. 진짜 행복은, 아주 사소한 회복에서 시작된다고.

EPILOGUE
TRUE RECOVERY, TRUE HAPPINESS

"FARTS' BECAME A MATTER OF DESPAIR, BUT ALSO OF LAUGHTR, AND STRENGTHENED MY RESOLVE TO LIVE ONCE MORE. THOUGH NOT YET FULLY HEALED, I CAN NOW SHARE MY STORY WITHOUT FEAR, TRUE HAPPINESS BEGINS WITH EVEN THE SMALLEST RECOVERY.

엄마의 글

방귀 너머의 기적을 믿으며

3.5KG의 우량아로 태어난 둘째 아들을 처음 품에 안았을 때, 엄마는 세상의 어떤 엄마처럼 믿었다. 이 아이는 건강하게 잘 자라날 거라고, 누구보다도 밝고 의젓한 아이가 될 거라고. 그런데 아들은 유달리 국기 카드를 좋아했고, 엄마와 눈을 마주치는 시간이 짧았으며, 생일 케이크의 초를 입으로 불지 못했다. 그때까지만 해도 엄마는 이 모든 것이 그냥 조금 느린 발달일 뿐이라고 생각했다.

배변 훈련이 형보다 훨씬 늦어지자 주변 엄마들의 우려를 사기 시작했고, 결국 대전에서 서울까지 새마을호를 타고 병원을 오가게 되었다. 그 두 시간의 기차는 지금 생각해도 참 길고도 고된 여정이었다. 진료실에서 "발달장애가 의심된다"라는 말을 들은 날, 엄마는 하늘이 무너지는 줄 알았다. 일주일에 두 번씩 서울을 오가며, 기차 안에서 소리치고 돌아다니던 아이를 붙잡느라 지친 하루하루가 아직도 선명한 기억으로 남아 있다.

　홈플러스에서, 무주리조트에서 두 번이나 아이를 잃어버렸지만, 기적처럼 다시 만날 수 있었던 건 어쩌면 신이 우리에게 보여준 '이 아이는 반드시 살아갈 존재'라는 증표였는지도 모르겠다. 어린이집과 초등학교 시절, 선생님과의 면담 자리마다 "이 아이를 특별히 봐주세요"라고 부탁드리는 시간이 참 많았다.

　수영선수로 키워보려 했던 계획은 교통사고로 멈추었고, 음악가의 길을 꿈꾸며 준비한 튜바 연주도 예고 탈락이라는 벽에 가로막혔다. 그 모든 실패와 좌절이 지금의 멋진 간호사 아들을 만들었다는 것을, 그때는 미처 알지 못했다.

　중·고등학교 시절, 친구들과의 오해로 선생님의 전화를 받을 때마다 "제발 무사히 졸업만 해도 좋겠어요"라고 기도하던 날들도 있었다. 그러던 아이가 주님의 은총으로 고려대학교 중어중문학과에 합격했을 때, 얼마나 기뻤는지 몰랐다. 하지만 그것도 잠시, 서울의 좁은 원룸에서 시작된 복부팽만과 극심한 변비, 그리고 거대결장으로 인한 대장 수술 권고는 다시 한번 우리의 가슴을 짓눌렀다.

　모든 대장을 절제하고 인공항문을 만들어야 한다는 진단은 엄마에게 상상조차 하기 어려운 고통이었다. 그 순간, 의사인 아버지의 판단으로 시작된 '방귀와의 전쟁'은 2년이 넘는 긴 싸움이 되었고, 우리는 그 속에서 조용히, 그러나 단단하게 회복의 길을 걸어갔다.

이제 아들은 서울대학교 간호학과를 졸업하고, 총동창회장상까지 수상하며 중환자실에서 묵묵히 생명을 돌보는 멋진 남자 간호사가 되었다. 병의 한복판에서 간호사의 길을 택한 이 아이가 이제는 다른 사람을 살리는 존재가 된 것으로, 엄마는 오늘도 감사한 마음이 든다.

아인슈타인도 가졌다는 아스퍼거 증후군. 엄마는 이제 그것을 아이에게 내려진 하나의 축복이라 믿는다. 실패는 실패가 아니었고, 고통은 성장의 다른 이름이었음을, 우리 아들이 삶으로 증명해 주었으니까 말이다.

A MOTHER'S LETTER —
A Story of Struggle, Survival, and Hope

When I first held my second son— a healthy 3.5kg newborn- I believed, like any mother would, that he would grow strong and bright. But early signs of developmental delay began to appear, He didn't meet my gaze, couldn't blow out birthndy candles, and showed a deep obsession with national flags. I still hoped it was just a slow start.

As toilet training was significantly alelayed, we began frequent wérê from Daejeon to Seoul by train to seek help. Eventually, we were told he might have a developmental disorder. That moment shattered my world. He finally found his place studying Chinese Language and l iterature at Korea University. Just wen l wvd things seemed to be going well, he was diagnosed with conge nitial megacolon and told he would need total colectomy and a stoma. That led to a two-year journey of home-based treatment under the guidance of his father, a doctor, And together — trou)gh pain, gas, and silent blessing — we fought our way back.

Today, my son has graduated from Seoul National University's College of Nursing with honors and now works as an tCU Tlurse, caring for lives with empathy shaped by his own suffering, My son has proven that with love and foith, even the smallest victories — like passing gas— can be a miracle. My son has proven that with love and faith, even the smallest victories — like a miracle.

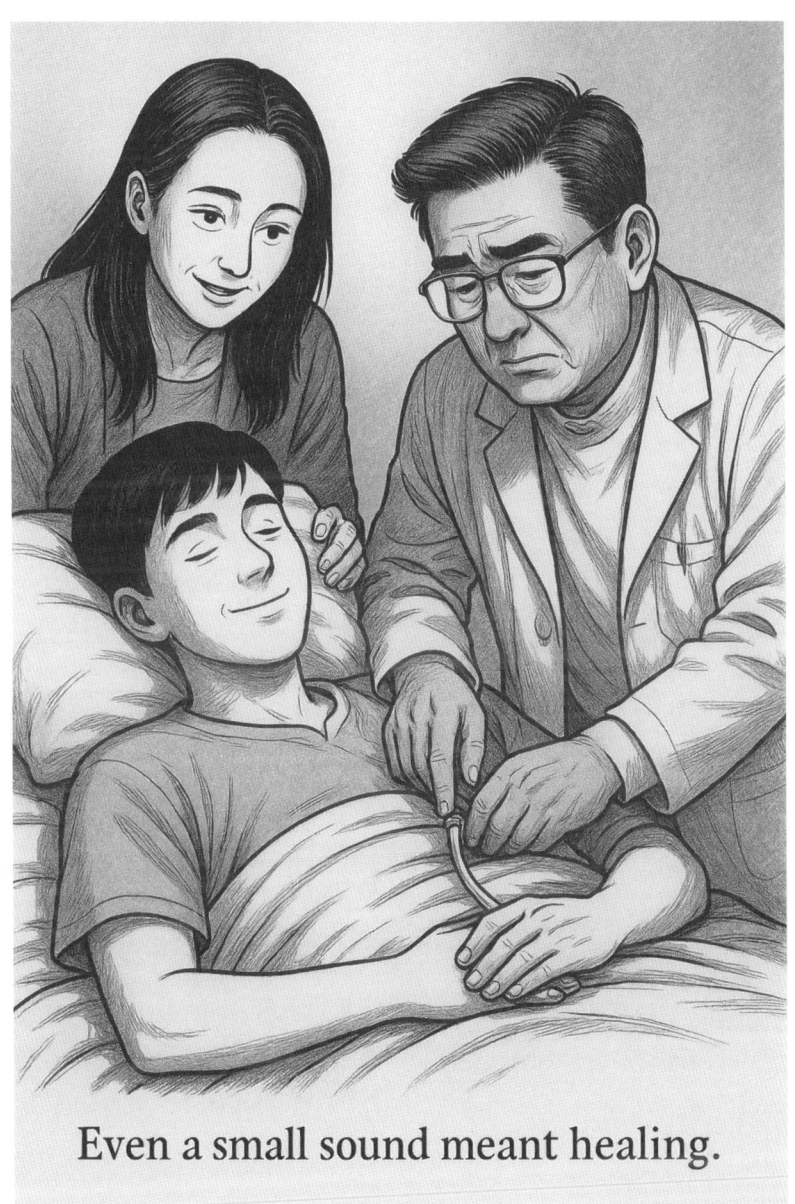

Even a small sound meant healing.

아들의 다짐

방귀에서 시작된 회복,
이제는 제가 누군가의 희망이 되고 싶습니다.

한때 저는 방귀라는 단어조차 입에 담기 싫었습니다. 그것은 수치였고, 숨겨야 할 무언가라고 생각했습니다. 하지만 지금의 저는 압니다. 그 방귀가 생명을 지켜주는 신호였다는 사실을. 그 작은 소리 하나를 기다리며 함께 울고 웃었던 사람들이 있었기에, 저는 오늘 이 자리에 설 수 있었습니다.

먼저, 저를 포기하지 않고 끝까지 함께 고민해주신 부모님께 깊이 감사드립니다. 아버지는 의사이기 전에 제 손을 잡아 주던 보호자였습니다. 닫힌 화장실 문 안에서 수없이 RECTAL TUBE를 교체해 주며 제 자존심을 지켜주셨습니다. 말없이 복부를 눌러 주시고, 방귀가 나올 때마다 환하게 웃어 주셨던 그 순간들 이제 삶을 바꾸어 주었습니다. 어머니는 누구보다 제 아픔에 먼저 울어 주셨고, 수많은 진료와 치료 일정을 기꺼이 함께 감내하시며 저에게 '당신은 혼자가 아니야'라는 메시지를 몸소 보여주신 분입니다. 두 분은 제 삶의 가장 큰 보호자이자, 사랑이라는 언어를 처음 가르쳐주신 분들입니다.

그리고 저의 든든한 형, 손제욱. 항상 한 발짝 뒤에서 묵묵히 저를 지켜보며, 제가 힘들어 할 때 아무 말 없이 노트를 꺼내 함께 구조를 그리고 아이디어를 나누며 특허라는 꿈을 현실로 만들어 준 사람입니다. 형은 저에게 또 다른 이름의 용기였고, 그 존재 자체가 제가 버틸 수 있는 큰 위로였습니다.

서울아산병원의 명승재 교수님을 비롯한 모든 의료진 여러분께도 깊은 감사의 인사를 드립니다. 수술 없이 회복할 수 있는 길을 끝까지 함께 고민해 주셨고, 제가 제 몸을 이해하고 제 삶을 다시 설계할 수 있도록 의학적으로, 인간적으로 기회를 주셨습니다. 저는 교수님을 통해 환자를 믿는다는 것의 진짜 의미를 배웠습니다.

저는 자폐 스펙트럼, 그 중에서도 아스퍼거 증후군이라는 진단 아래 살아왔습니다. 세상을 바라보는 방식이 조금 달랐고, 사회 속 규칙을 익히는 데도 시간이 오래 걸렸습니다. 그러나 그 다름은 제가 깊이 관찰하고, 더 진심으로 느끼는 능력으로 성장하게 해주었습니다. 이제 저는 그 능력을 간호에, 발명에, 그리고 의료의 미래를 위한 실천에 바치고자 합니다.

지금 저는 간호사로서, 발명가로서, 장애를 딛고 다시 일어선 한 사람으로서 새로운 길을 걸어가고 있습니다. 제가 받은 이 많은 돌봄과 신뢰를 이제는 사회에 되돌려 드리고 싶습니다. 누군가의 복부를 조심스럽게 눌러보며, 조용한 방귀 소리 하나에도 함께 안도하며 웃을 수 있는 그런 간호사가 되겠습니다. 그리고 제가 넘었던 벽을 다른 누군가가 덜 외롭고 덜 아프게 넘을 수 있도록 등불 같은 존재가 되고 싶습니다.

저는 더 이상 방귀를 숨기지 않습니다. 그것은 부끄러움이 아니라, 회복의 시작이었고, 생명의 소리였습니다. 그 소리를 기억하며, 저는 앞으로도 누군가의 회복을 위해 오늘도 현장에서 묵묵히 서 있겠습니다.

감사합니다. 그리고 앞으로, 더 많이 사랑하며 살아가겠습니다.

손범규 드림

부록
사진첩

눈맞춤이 어려운 아이

냄새로 확인하는 습관

엉뚱한 아이

V만 그리는 아이

늘 같은 포즈

국기 박사 - 세계지도 퍼즐

수영대회

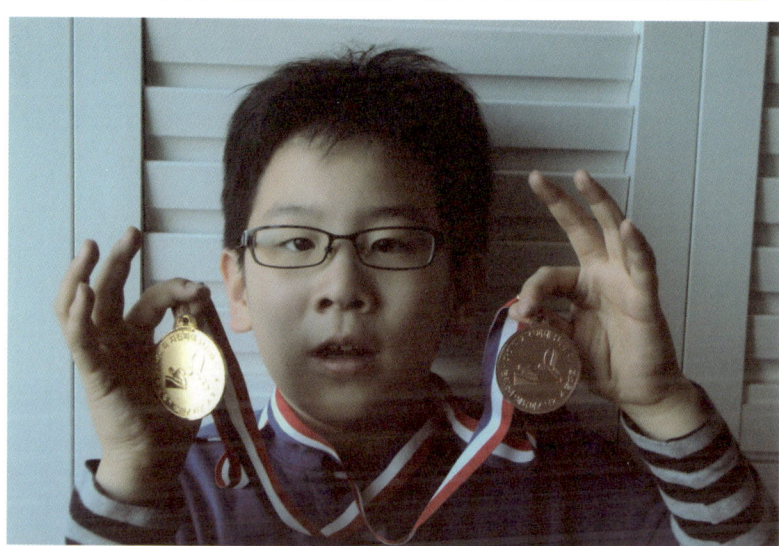

발명경진대회 국제

발명반

제4117호

상 장

금 상

대전대신고등학교
2학년 손 범 규

위 학생은 (재)대전테크노파크에서 주관한 2017년 제7회 대전발명경진대회에서 남다른 탐구능력과 창의력을 발휘하여 위와 같이 입상 하였기에 이 상장을 수여합니다.

2017년 10월 20일

대전광역시교육감 설 동 호

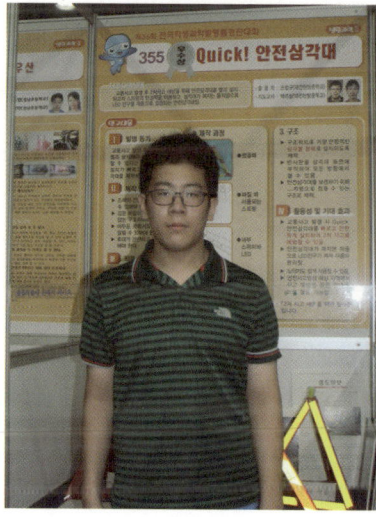

국외과학연구단지 체험프로그램 참여

KBS 아침마당 출연

복부팽만

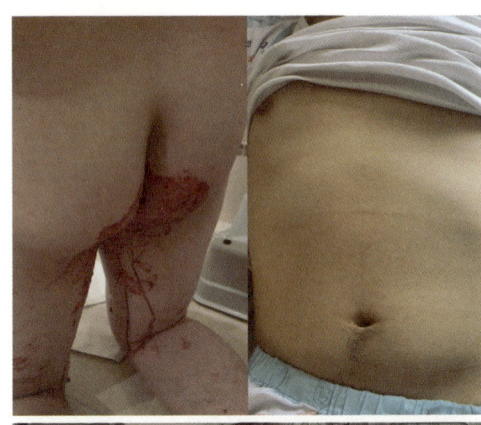

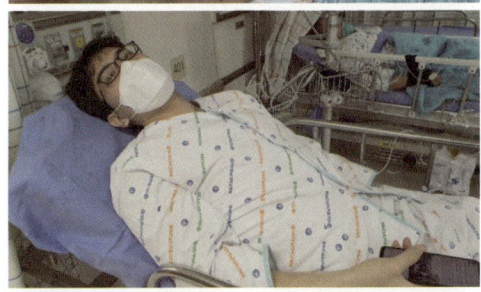

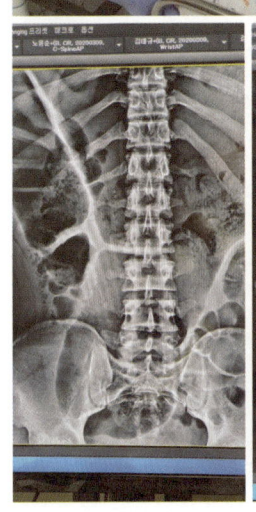
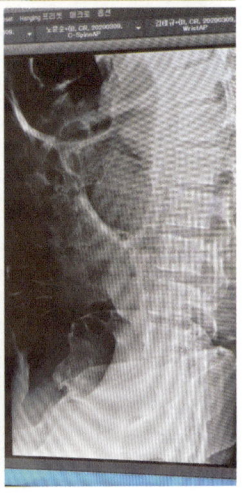

X-ray 사진

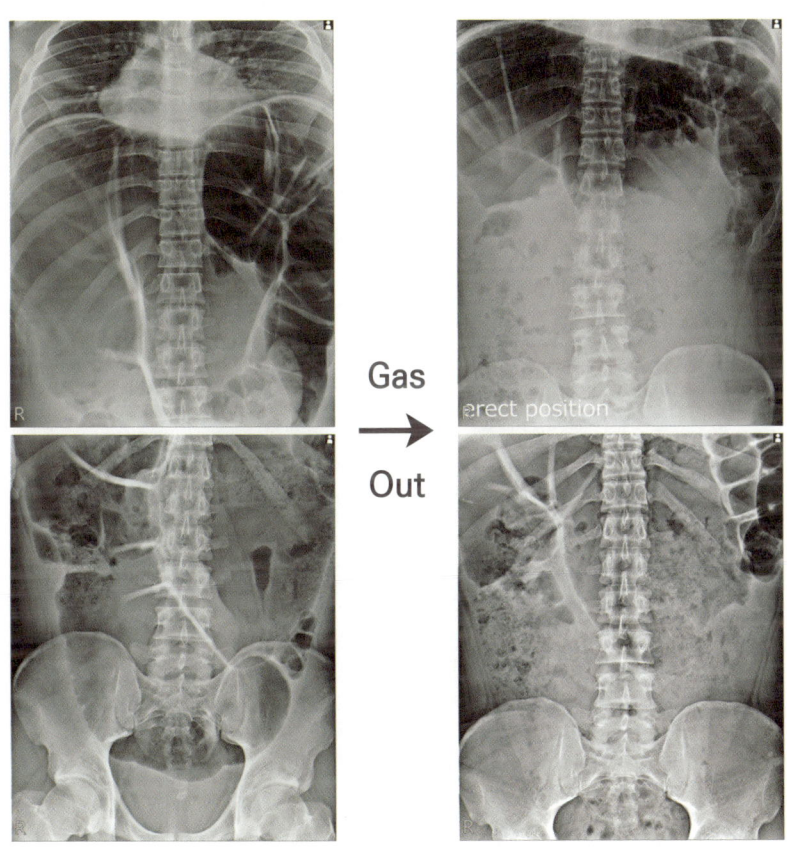

튜바 연주

고려대학교 중어중문학과 입학

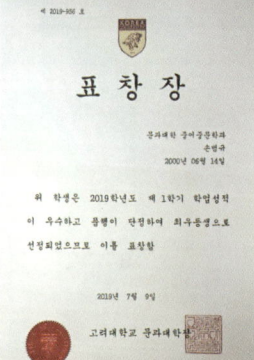

서울대장학생 & 홀트복지회 봉사 시작

서울대학교 졸업식

대한민국 인재상 시상식

제 1841 호

대한민국 인재상

서울대학교
손 범 규

위 사람은 지혜와 열정, 창의적 사고, 배려와 공동체 의식을 바탕으로 자신의 관심분야에서 끊임없는 노력을 통해 탁월한 성취를 거둠으로써 대한민국의 미래를 이끌 우수 인재로 선정되어 이에 대한민국 인재상을 수여합니다.

2024년 12월 20일

부총리 겸 교육부장관 이 주 교육부장관인

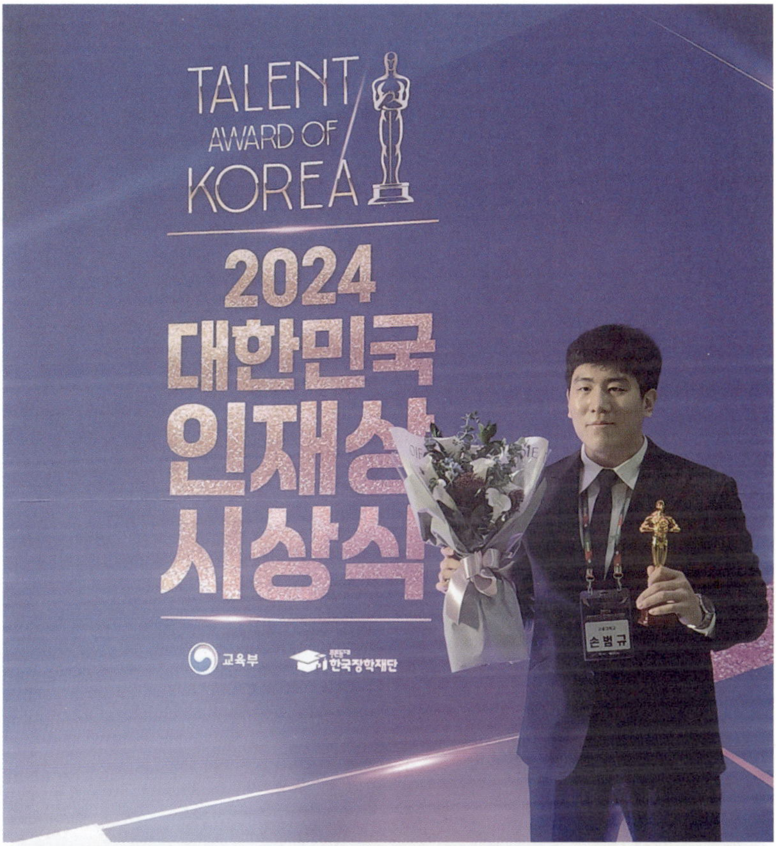

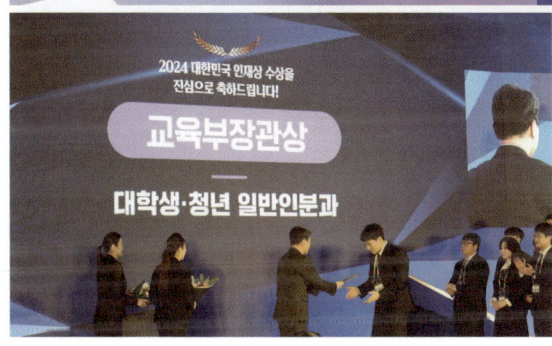

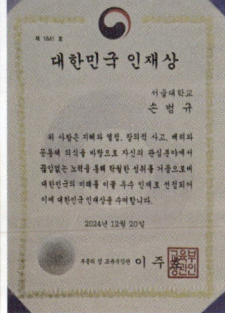

수상인명 구조훈련

발명 특허증

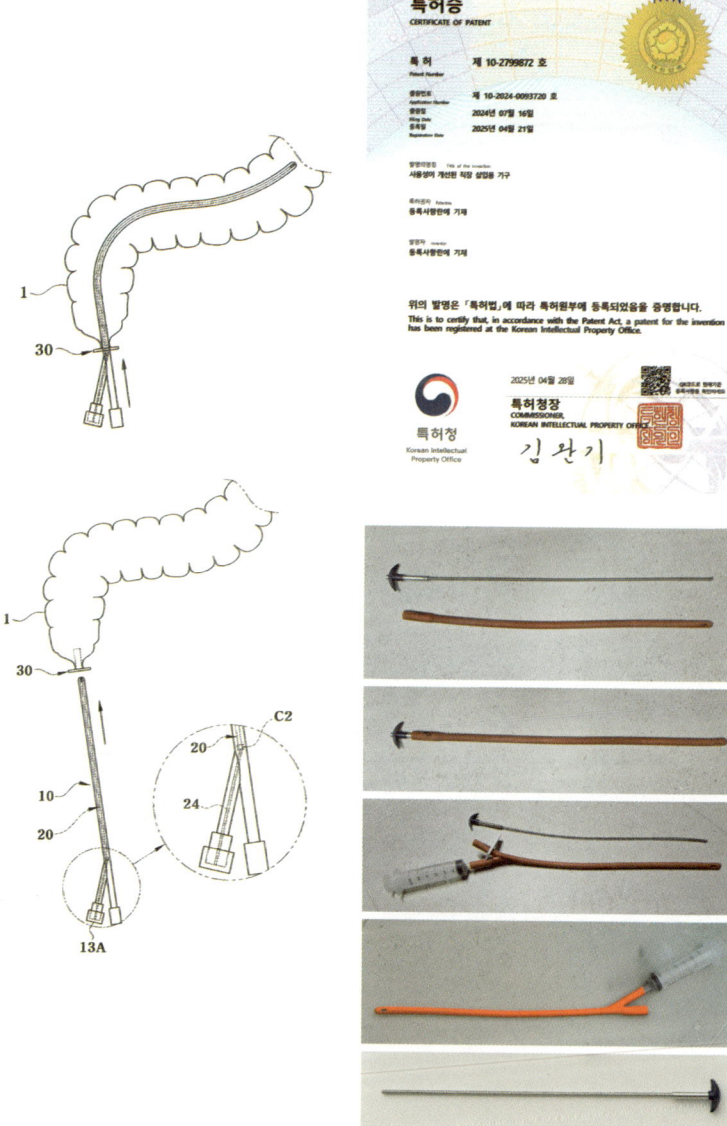

163

요양병원 근무 사진

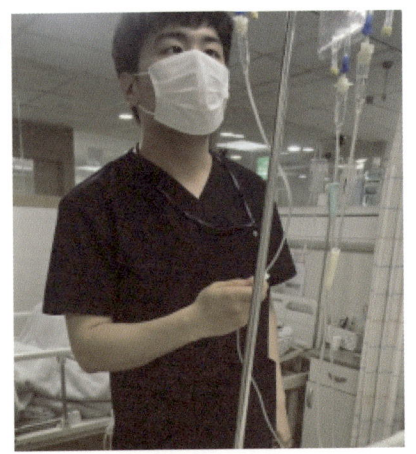

결혼식 피로연

대한민국 인재상 기사

간호사신문

Home / 사람들

손범규 간호사, 대한민국 인재상 수상

[편집국] 정규숙 편집국장 kschung@koreanursing.or.kr 기사입력 2024-12-30 오전 09:08:16

손범규 간호사가 한국장학재단에서 주관하는 '대한민국 인재상' 수상자로 선정돼 교육부장관상을 받았다. 시상식은 12월 20일 정부세종컨벤션센터에서 열렸다.

'대한민국 인재상'은 한국장학재단에서 창의와 열정으로 미래사회를 이끌어나가고, 타인에 대한 공감과 실천을 통해 공동체 발전에 기여할 청년 우수 인재를 발굴해 수여하는 상이다. 매년 고등학생 50명과 대학생·청년일반 50명, 총 100명의 인재를 엄격한 심사를 거쳐 선정한다.

손범규 간호사는 홀트아동복지회에서 100시간 이상의 봉사활동을 했으며, 수상인명구조 및 발명 등 공익적 활동을 해온 점을 인정받아 수상했다. 발명의 경우 '배변 장애 개선에 도움을 줄 수 있는 사용성이 개선된 직장관'을 개발해 특허출원을 마쳤고, 상용화를 준비하고 있다.

홀트아동복지회 기부 기사

간호사신문

Home / 사람들

손범규 간호사, '대한민국 인재상' 수상 상금 기부

[편집국] 정규숙 편집국장   kschung@koreanursing.or.kr   기사입력 2025-01-31 오전 08:24:38

'대한민국 인재상'을 수상한 손범규 간호사(사진 왼쪽)가 부상으로 받은 상금 100만원을 장애인 복지를 위해 써달라며 홀트아동복지회 충청사무소에 기부했다.

'대한민국 인재상'은 한국장학재단에서 창의와 열정으로 미래사회를 이끌어나가고, 타인에 대한 공감과 실천을 통해 공동체 발전에 기여할 청년 우수 인재를 발굴해 수여하는 상이다. 시상식은 지난해 12월 20일 열렸다.

손범규 간호사는 간호대학 시절 홀트아동복지회에서 100시간 이상의 봉사활동을 했다. 홀트아동복지회의 나눔 스타터로 임명돼 청소년을 대상으로 하는 교육강좌에서 강연자로 활동하기도 했다.

손범규 간호사, 형과 함께 배변보조기기 발명 특허등록

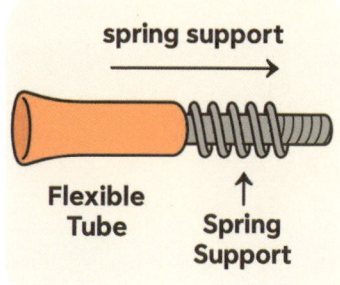

'대한민국 인재상'을 수상한 손범규(동생) 간호사와 손제욱(형) 씨 형제가 함께 개발한 배변보조기기에 대한 특허등록이 완료됐다.

손범규 간호사는 지난해 서울대 간호대학을 졸업한 후 서울 소재 요양병원 중증환자실에서 근무하고 있으며, 형 손제욱 씨는 연세대학교 원주의과대학 본과에 재학 중이다. 두 사람 모두 '대한민국 인재상'을 수상했다.

이번에 특허등록을 마친 발명품은 배변 장애 개선에 도움을 줄 수 있는 사용성이 개선된 직장관이다. 특히 거동이 어려운 노인들을 위한 직장 삽입형 배변보조기기로 실용성과 환자 중심 설계를 갖췄다.

유연한 튜브 내부에 삽입된 금속 스프링이 구조적 지지력을 제공하며, 직장과 하행결장의 굴곡 부위를 따라 안정적으로 삽입될 수 있는 기술적 구조를 갖추고 있다. 현재 시제품 제작과 상용화를 위한 협의를 진행 중이다.

손범규 간호사는 "임상에서 직접 마주한 불편함과 환자의 목소리를 기술로 풀어낼 수 있어 기쁘다"며 "간호사의 실무 경험이 기술 혁신의 출발점이 될 수 있다는 것을 증명한 것 같아 보람을 느낀다"고 밝혔다.

형 손제욱 씨는 "앞으로도 환자에게 실질적인 도움을 주는 의료기술을 연구하고 싶다"고 말했다.

두 형제는 이번 특허등록 기기를 바탕으로 의료 스타트업 창업도 구상 중이며, 후속 기술 연구를 이어갈 계획이다.

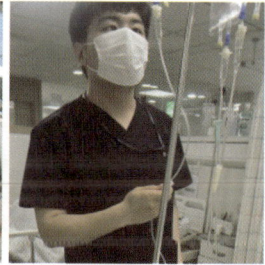

방귀만 잘 뀌어도 행복하다

초 판	발행 2025년 7월 07일
지 은 이	손문호, 손범규
펴 낸 이	손범규
디 자 인	(주)디제이커뮤니케이션즈

펴 낸 곳	Thumbnail
주 소	대전광역시 중구 보문로 239
T E L	042-824-2442
인스타그램	@HAPPYBG389
E-mail	sohnos00@naver.com
등 록	2025년 07월 07일
I S B N	979-11-967444-1-0(03800)

출판에 아낌없는 성원을 주신 장원익 사장님과 진영실 팀장님의 노고에 감사를 드립니다.

ⓒ저작자와의 협약 아래 인지는 생략되었습니다.
이 출판물은 저작권법에 의해 보호받는 저작물이므로 무단 전재와 복제를 금합니다.